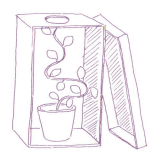

Hilde Köster

FantasieWerkstatt
Experimente

Spannende, einfache Experimente für Kinder

CHRISTOPHORUS

Inhalt

Einleitung 8

Luft 10
Tauchgang 10
Windsegler 12
Wolken pusten 12
Verrückter Luftballon 13
Seifenblasen 14
• Blubberblasenflasche 14
• Seifenfahrstuhl 15
• Schaumberge 16
• Berührt, zerplatzt und weg? 17

Wasser 18
Welche Form hat das Wasser? 18
• Rund oder eckig? 18
• Wasserkreise 19
• Wasserschlangen 19
• Wasserstrudel 20
• Wassergeister 20

Gerührt, gelöst und verschwunden? 22
• Zuckerwasser 22
• Wo bleibt der Zucker? 23
• Farbenreise 24
Süßwasser – Salzwasser 25

Feuer 26
Feuer anzünden und beobachten 27
Feuer löschen 28
Was brennt wie? 29

Licht 30
Ohne Licht keine Sicht 30
Sichere Kleidung im Dunkeln 31
Licht ist Wärme 32
• Schwarz oder weiß? 32
• Eine krumme Sache 32

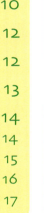
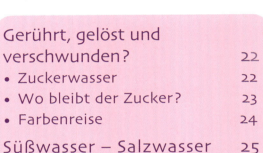

Steine, Erde, Sand　　34
... in Fühlkisten　　34
... unter der Lupe　　35
... schütten, häufen, formen　　36

Stoffe　　38
Schmelzen　　38
• Pralinenrezept　　39
Erstarren　　39
• Karamellbonbonrezept　　39
Brausen und Schäumen　　40
Rakete　　40

Pflanzen　　42
Springende Erbsen　　42
Starke Bohnen　　42
Platzende Samen　　43
Grüner Garten　　44
Wüste　　44
Suchende Bohne　　44
Gestreifte Blätter　　45

Gleichgewicht　　46
Stehaufmännchen　　46
Wackelpeter　　47
Balancieren　　48
Tassentiere　　50
Kopfstand　　50

Elektrizität　　52
Leuchtende Lämpchen　　52
Stromkreis　　54
Häuschen beleuchten　　55
Knistern, Blitze und fliegende Haare　　56
Aufgeladen　　56

Magnetismus　　58
Was wird angezogen?　　58
Zauberei?　　59
Magnetsegeln　　59

Einleitung

Wenn Kinder still sind, stellen sie irgendetwas an – diese Weisheit ist allgemein verbreitet, und tatsächlich ist es so, dass kleine Kinder sich gerade dann sehr ruhig verhalten, wenn sie eine neue Erfahrung machen wollen. Etwas auszuprobieren, die Wirkung festzustellen, ein Experiment durchzuführen, das neue Erkenntnisse über die Umwelt verspricht, ist von besonderem Reiz. Weshalb das auch so sein muss, ist einfach zu erklären: Mit der Welt vertraut zu werden, ist die Grundbedingung dafür, sich in ihr zurechtzufinden. In der Auseinandersetzung mit den Dingen erwerben Kinder wichtige Vorerfahrungen. Erst dadurch können sie Neues mit bereits Bekanntem vergleichen: Wer sagt „Das ist so wie …", ist bereits auf dem Weg zum Verstehen.

Neugierig die Welt erkunden
Kinder lieben das Experimentieren. Sie sind neugierig und wollen von sich aus mehr über ihre Umwelt erfahren. Sie haben Freude am Erkunden und Ausprobieren. Die Fantasiewerkstatt Experimente bietet daher vielfältige Möglichkeiten, kleine Experimente durchzuführen, die die Neugier und das Interesse wecken. Alle Experimente lassen sich mit wenig Aufwand und einfachen Materialien durchführen. Auf spielerische Weise können sich die Kinder weitgehend selbstständig den Phänomenen nähern und so einen wertvollen Schatz an Erfahrungen sammeln. Beim Spielen, Hantieren, Ausprobieren und Experimentieren gewinnen sie ein Gefühl für die Dinge: Ein Glühlämpchen leuchtet nur, wenn der Stromkreis geschlossen ist. Luft ist nicht „nichts", sondern kann sogar Wasser verdrängen. Magnete ziehen Gegenstände aus Eisen an, Luftballons, die man vorher an einem Wollpullover gerieben hat, lassen einem „die Haare zu Berge stehen".

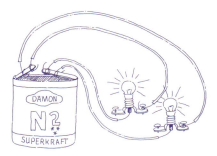

8

Spannende Erlebnisse

Die Experimente in diesem Buch sind so gewählt, dass sie die Kinder in Staunen und Verwunderung versetzen. Sie lösen freudige Erlebnisse aus, die lange in Erinnerung bleiben und weitererzählt werden. Albert Einstein hatte ein solches Erlebnis, als er etwa vier oder fünf Jahre alt war und sein Vater ihm einen Kompass zeigte. Er konnte nicht begreifen, wie sich die Nadel ganz ohne äußere Berührung bewegen konnte. Das Erlebnis beeindruckte ihn sehr: „Da musste etwas hinter den Dingen sein, das tief verborgen war."

Ganz ähnlich ergeht es Kindern, wenn ein Lämpchen nach vielem Probieren plötzlich leuchtet, eine Filmdosenrakete sich zischend in die Luft erhebt oder ein Papier-Schmetterling auf einem Tassenrand balancieren kann. Sie staunen, jubeln, lachen und wollen diese Entdeckung anderen mitteilen. Immer und immer wieder wollen sie dieses Erlebnis wiederholen – so lange, bis sie sich zufrieden einem neuen Phänomen zuwenden können.

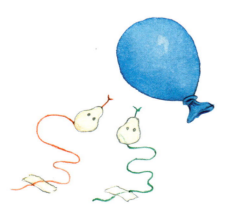

Literaturtipps

- Gisela Lück
  Neue leichte Experimente
  für Eltern und Kinder
  Verlag Herder, Freiburg 2005

- Hilde Köster
  Fantasiewerkstatt Technik
  Leichte technische Experimente
  für Kinder
  Christophorus im Verlag Herder, Freiburg 2005

Luft

Luft ist überall, aber sie ist unsichtbar – deshalb wird sie nur selten bewusst wahrgenommen. Erst eine neue Perspektive macht die Luft plötzlich interessant: Was geschieht, wenn man die Luft anhält? Was spürt man dabei? Durch Pusten wird Luft fühlbar und hörbar. Auch den Wind kann man hören und spüren. Wind ist bewegte Luft – er kann Blätter, Äste, ja sogar ganze Bäume in Bewegung versetzen. Gegen den Wind zu laufen ist anstrengend, da spürt man einen Widerstand, aber man kann sich auch treiben lassen vom Wind: So segeln Boote oder fliegen Drachen. Die Kinder erkennen, dass Luft in vielerlei Hinsicht bedeutsam für das Leben ist.

Tauchgang

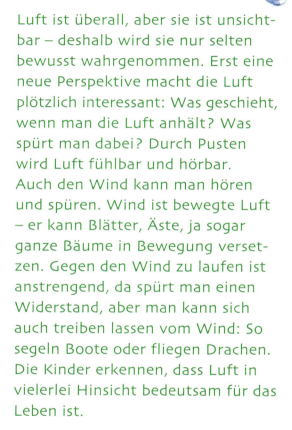

Kinder haben oft die Vorstellung, Luft sei „nichts". In gewisser Hinsicht haben sie Recht, denn Luft ist anders als alles, was sie um sich herum wahrnehmen. Man kann sie nicht sehen, riechen und kaum fühlen. Das Experiment zeigt: Luft ist etwas, sie ist sogar ein Körper! Wie jeder Körper beansprucht die Luft Platz und das bedeutet, dass dort, wo Luft ist, kein anderer Körper (z. B. kein Wasser) sein kann. Nur weil die Luft in der Regel anderen Körpern ausweicht, fällt dieses Phänomen kaum auf.

Das können die Kinder erfahren:
Luft braucht Platz. Wo Luft ist, kann das Wasser nicht hinein. Erst wenn die Luft entweichen kann, gibt sie den Platz frei für das Wasser.

Das wird gebraucht:
Trinkglas, Papiertaschentuch, Glasschüssel mit Wasser

So geht's:

Ein Papiertaschentuch wird zerknüllt und in das Glas hineingepresst, sodass es fest am Boden des Glases haftet. Die Kinder stellen Vermutungen an, was geschehen wird, wenn man das Glas mit der Öffnung nach unten in die Schüssel mit dem Wasser taucht.

Experimente:

- Das Glas wird senkrecht mit der Öffnung nach unten ins Wasser getaucht. Die Kinder stellen fest, dass kein Wasser eindringt. Das Papiertaschentuch bleibt trocken, weil die Luft im Glas das Eindringen des Wassers verhindert.
- Das Glas wird erneut mit der Öffnung nach unten ins Wasser eingetaucht, nun aber etwas schräg gehalten. Blasen steigen auf, die Luft entweicht aus dem Glas, Wasser dringt ein und das Papiertaschentuch wird nass.
- Die Kinder gestalten ein „Aquarium", z. B. in einer Glasschüssel. Die Fische werden aus Moosgummi ausgeschnitten und mit einem Faden, der am Ende um einen Stein gewickelt wird, in der Mitte des Beckens gehalten. Eine Spielzeugfigur wird mithilfe eines „Luftfahrstuhls" in das Geschehen hineingebracht, ohne nass zu werden: Dazu wird die Figur in ein Teelichtschälchen und das Schälchen wiederum auf das Wasser gesetzt. Nun wird das Trinkglas über das Mini-Boot gestülpt und möglichst gerade bis auf den Grund heruntergedrückt. Da Luft im Glas ist, kann kein Wasser eindringen und die Spielfigur landet trocken auf dem Grund des Aquariums.

Luft

Windsegler

Das wird gebraucht:
Eine große, recht stabile Pappe (ca. 1 m x 60 cm), 2 Schnüre (ca. 40 cm lang), Regenschirme

So geht's:
Die Pappe an beiden Seiten mit Löchern versehen, sodass die Schnüre hindurchgezogen und um die beiden ausgestreckten Arme des Kindes gebunden werden können.
Das Kind läuft, so schnell es kann, gegen den Wind. Dann kommt es mit dem Wind zurück. Mit einem Regenschirm (vor den Körper halten) kann der Versuch wiederholt werden.

Wolken pusten

Das wird gebraucht:
Trinkhalme, Wattebäusche, Föhn, Luftballons

So geht's:
Die Wattebäusche („Wolken") werden auf einen Tisch gelegt und mithilfe der Trinkhalme weggepustet.

Experimente:
- Die Kinder pusten die Wattebäusche mit dem Föhn weg und stellen Vergleiche an zum ersten Versuch (eigenes Pusten).
- Mehrere Wattebäusche werden zusammengeklebt. Die Kinder probieren aus, wie viele mit der eigenen Puste oder mit dem Föhn bewegt werden können. Sie bemerken, dass sich mehrere Bäusche schwieriger bewegen lassen.
- Die Kinder blasen einen Luftballon auf und halten ihn mit der Hand zu. Sie richten die Öffnung auf einen Wattebausch und beobachten, was passiert. Sie stellen fest, dass die im Ballon

zusammengepresste Luft sehr schnell entweicht und dadurch „Wind" erzeugt werden kann.

Verrückter Luftballon

Das können die Kinder erfahren:
Ein Luftballon bewegt sich sehr schnell, wenn die Luft aus ihm herausströmt. Je fester ein Luftballon aufgeblasen ist, desto schneller bewegt er sich. Je größer der Luftballon, desto weiter und länger fliegt er. Die Luft entweicht in die eine Richtung und der Ballon schnellt in die andere Richtung davon (Rückstoßeffekt).

Das wird gebraucht:
Unterschiedlich große Luftballons, mehrere Luftballonpumpen

So geht's:
Die Kinder blasen die Luftballons auf und lassen sie los. Sie fliegen in alle Richtungen davon. Die sich schnell bewegende Luft aus dem Ballon trifft dabei auf die stillstehende Luft der Umgebung. Sie (und damit auch der Luftballon) stößt sich quasi an der stillstehenden Luft ab.

Sehen, was die Luft macht

Luft ist ständig in Bewegung. Sie strömt und bildet Wirbel aus. Diese Effekte kann man nicht sehen, weil man auch die Luft nicht sehen kann. Deshalb verwendet man Hilfsmittel, mit denen man die Bewegungen der Luft sichtbar machen kann. In der Autoindustrie oder beim Flugzeugbau untersucht man die Aerodynamik mithilfe von Rauch. Beim Segeln verwendet man Fäden, die anzeigen, in welche Richtung der Wind über das Segel streicht. Wetterfahnen zeigen die Windrichtung an und Windhosen lassen auch die Stärke des Windes erkennen.

Luft

Seifenblasen

Seifenblasen sind mit Luft gefüllte, zarte Gebilde. Leider sind sie sehr vergänglich, sodass es etwas Geduld erfordert, will man etwas über die Natur der Seifenblasen erfahren. Seifenblasen entstehen, wenn Luft in Seifenlauge gepustet wird. Kräftiges Pusten mit einem Trinkhalm lässt viele kleine Seifenblasen entstehen, die sich zu hohen Schaumgebilden auftürmen. Obwohl einzelne Seifenblasen rund sind, lassen sich im Schaum auch eckige Formen entdecken. Die Oberfläche der Seifenblasen ist ständig in Bewegung. Durch leichtes Pusten können Verwirbelungen auf den Seifenblasen hervorgerufen werden, die sich sehr gut beobachten lassen, wenn die Blasen auf eine Glasplatte oder auf einen Spiegel gelegt werden.

Blubberblasenflasche

Das können die Kinder erfahren:
Erwärmt man eine kalte Flasche, dann wird auch die Luft in der Flasche wärmer. Da Luft sich ausdehnt, wenn sie erwärmt wird, benötigt sie nun mehr Platz. Ein Teil der Luft entweicht also aus der Flasche. Dies wird aber erst sichtbar, wenn die Flaschenöffnung vor dem Erwärmen mit einer Seifenhaut verschlossen wird. Die Kinder können beobachten, wie sich die Seifenhaut ausdehnt, eine Seifenblase entsteht und schließlich zerplatzt.

Das wird gebraucht:
Eine gekühlte Glasflasche (ca. eine halbe Stunde im Kühlschrank oder in kaltes Wasser getaucht), Spülmittel

So geht's:
Das Spülmittel wird auf die Finger gegeben und mit etwas Wasser verrieben. Dann wird eine Seifenhaut auf die Öffnung der Flasche gestrichen.
Die Kinder erwärmen nun die Flasche mit den Händen und damit die Luft in der Flasche. Diese dehnt sich aus und bläst die Seifenblase auf.

Tipp:
Wird eine Münze auf die angefeuchtete Öffnung der Flasche gelegt, lässt die entweichende Luft die Münze klappern.

Seifenfahrstuhl

Das können die Kinder erfahren:
Wenn sich warme Luft abkühlt, braucht sie weniger Platz, sie zieht sich zusammen.

Das wird gebraucht:
Heißes Wasser, eine erwärmte Glasflasche (in warmes Wasser legen), Spülmittel oder Seifenblasenflüssigkeit, Behälter mit Eiswasser

So geht's:
Die Seifenlösung wird über die Öffnung gestrichen. Nun stellen die Kinder die warme Flasche in das kalte Wasser. Es wird ein interessanter Effekt sichtbar: Die Luft zieht sich wieder zusammen und die Seifenhaut wird in die Flasche hineingezogen.

Achtung:
Die Kinder nicht selbst mit dem heißen Wasser hantieren lassen.

Luft

Schaumberge

Das können die Kinder erfahren:
Seifenblasen entstehen, wenn Luft in Seifenlauge geblasen wird. Die Größe der Blasen bestimmt die Stabilität eines Schaumbergs: Je kleiner die Blasen, desto stabiler ist der entstehende Seifenturm.

Das wird gebraucht:
Trinkhalme, Schaumstoffstückchen, Gummiringe, Seifenlauge (Spülmittel in Wasser), Schälchen oder kleine Wannen

So geht's:
Die Kinder tauchen die Trinkhalme in die Lauge und erzeugen durch Pusten einen Schaumberg. In einem kleinen Wettbewerb können die Kinder versuchen, möglichst hohe Schaumtürme zu erzeugen.

Tipp:
Wenn etwas Kleisterpulver in die Seifenlauge eingerührt wird, lassen sich riesige Schaumtürme herstellen.

Experiment:
- Mit einem Gummiring wird ein Stückchen Schaumgummi an das Ende des Trinkhalms gebunden. Die Kinder pusten wiederum, aber nun durch das Schaumgummi, in die Lauge. Sie können feststellen, dass hierdurch kleinere Blasen entstehen. Es kann ein Turm erzeugt werden, der nicht so leicht in sich zusammensinkt.

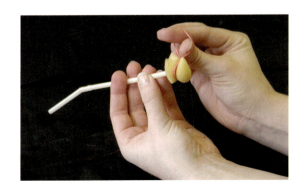

Berührt, zerplatzt und weg?

Das können die Kinder erfahren:
Seifenblasen sind nicht so empfindlich, wie man allgemein glaubt. Vorsichtiges Pusten schadet der Seifenblase nicht. Man kann sie mit einem seifigen Gegenstand sogar durchstechen und eine neue Seifenblase in ihrem Inneren erzeugen!

Das wird gebraucht:
Seifenlauge, Draht, kleine Wannen, Strohhalme, ein größerer Spiegel oder ein Bilderrahmen mit Glas oder Plexiglasplatte

Tipp:
Gibt man Zucker oder auch Glycerin aus der Apotheke in die Seifenlauge, können große und stabile Blasen erzeugt werden. Besser als Leitungswasser funktioniert destilliertes Wasser.

So geht's:
Die Seifenlauge in eine Wanne füllen. Nun können die Kinder mit dem Strohhalm Seifenblasen pusten.

Experimente:
- Die Kinder legen den Spiegel oder Bilderrahmen auf den Tisch und reiben ihn dünn mit Seifenlauge ein. Sie erzeugen mit dem Trinkhalm eine Seifenblase und legen sie auf der Spiegelfläche oder dem Glas ab.
- Es wird eine möglichst große Blase auf den Spiegel gelegt, angepustet und die Verwirbelungen auf der Oberfläche beobachtet.
- Die Kinder versuchen mit dem Trinkhalm durch die Haut zu stechen und im Inneren eine weitere Blase zu erzeugen.
- Sie beobachten, wann die Blasen platzen. Bei genauem Hinsehen können sie feststellen, dass die Flüssigkeit allmählich nach unten sinkt. Die Haut wird oben dünner, sodass die Blase platzt.

Tipp:
Aus Draht können Schlingen in verschiedenen Formen gebogen werden, die in die Seifenlauge eingetaucht werden. Werden die Drahtschlingen durch die Luft gezogen, füllen sich die Häute mit Luft und können sich zu Blasen ausbilden.

Wasser

Kinder gehen täglich mit Wasser um, sie trinken es, sie waschen sich, sie gießen Blumen und tränken Tiere. So ist Wasser zwar alltäglich, aber dennoch faszinierend: Was ist schöner, als in Pfützen zu springen und das Wasser spritzen zu sehen, Rinnsale zu beobachten und über das Glitzern der Wassertropfen im Sonnenschein zu staunen? Auf spielerische Weise erfahren die Kinder bereits viel über die Eigenschaften des Wassers. Die Experimente ermöglichen darüber hinaus genaueres Beobachten und Untersuchen: Welche Formen kann das Wasser annehmen und wie bewegt es sich? Was geschieht, wenn man Stoffe in Wasser löst und wo bleiben diese Stoffe?

Welche Form hat das Wasser?

Das können die Kinder erfahren:
Wasser kann viele Formen annehmen. So können sich Tropfen und Rinnsale bilden, das Wasser kann auf der Oberfläche Kreise bilden, in Mäandern fließen oder verwirbelnd strömen. Wird es in Bewegung versetzt, so ergeben sich schöne Muster, die man allerdings nur mithilfe von Farben oder Pulver sichtbar machen kann.

Rund oder eckig?

Das wird gebraucht:
Ganz unterschiedlich geformte Gläser und Vasen, Wasser

So geht's:
Die Kinder beobachten zunächst fließendes Wasser im Waschbecken und benennen die Formen, die sie erkennen: Tropfen, fließendes Wasser, Rinnsale. Dann gießen sie Wasser in die Gefäße und stellen fest, dass Wasser seine Form jeweils dem Gefäß anpasst.

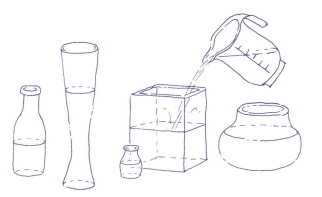

Wasserkreise

Das wird gebraucht:
Eine Wanne mit Wasser oder eine ruhige Wasserfläche (Teich, Kanal), Steinchen

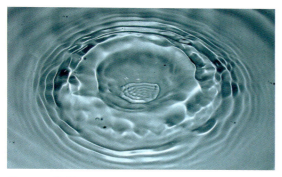

So geht's:
Die Kinder lassen Wassertropfen oder kleine Steinchen auf die Wasseroberfläche fallen. Sie beobachten, dass sich auseinander laufende Kreise ergeben.

Wasserschlangen

Das wird gebraucht:
Kunststofftablett oder mit Kunststoff beschichtetes Regalbrett, Wanne, Wasser, Plastikflasche, Prickelnadel, Feuerzeug

So geht's:
Das Tablett (oder ein Regalbrett) wird in die Wanne gestellt, sodass sich eine schräge Ablauffläche ergibt. Es wird ein sehr dünner Wasserstrahl benötigt. Dazu die Spitze einer Prickelnadel mit einem Feuerzeug erhitzen und in den Boden der Plastikflasche stechen. Nun Wasser in die Flasche füllen. Die Kinder lassen den Wasserstrahl über das Brett laufen. Sie können beobachten, dass die Rinnsale nicht geradlinig verlaufen, sondern sich hin und her schlängeln. Dieses Phänomen der Bildung von Mäandern können sie auch beim Duschen auf der Haut oder bei Regen an Autofensterscheiben beobachten.

Wasser

Wasserstrudel

Das können die Kinder erfahren:
Die Kinder gewinnen ein intuitives Verständnis von der Entstehung von Wasser- und Windhosen, Tornados und Hurrikans. Sie können dieses Phänomen des strudelnden Wassers auch am Abfluss des Waschbeckens beobachten.

Das wird gebraucht:
Trinkgläser, Kochlöffel, Wasser, Kaffeepulver

So geht's:
Die Gläser werden etwa zu drei Viertel mit Wasser gefüllt. Nun wird so kräftig in eine Richtung gerührt, dass ein Strudel entsteht. Die Kinder schauen von der Seite und von oben in das Glas hinein. Sie stellen fest, dass sich das Wasser in der Mitte trichterförmig eindellt.

Tipp:
Wird während des Rührens ein wenig Kaffeepulver in das Wasser hineingegeben, lässt sich der entstehende Wirbel noch besser beobachten. An der Wasseroberfläche ergeben sich spiralförmige Muster. Solche Muster kennen die Kinder vielleicht schon von Hurrikan-Satellitenbildern oder von Abbildungen unserer Galaxie.

Wassergeister

Das können die Kinder erfahren:
Was tun Tropfen, wenn sie ins Wasser fallen? Das lässt sich leicht überprüfen, wenn sie farbig sind. Dieser Versuch ist bei Kindern besonders beliebt. Unermüdlich beobachten sie, was passiert, wenn die bunten Tropfen ins Wasser fallen. Sie finden immer neue Namen für die hübschen, filigranen Gebilde, die im Wasser schweben.

Das wird gebraucht:
Ein Wasserbecken aus Glas (Aquarium, große durchsichtige Vase), Tintenpatronen in mehreren Farben, Wasser, Pipetten

Experimente:
- Ein Kind gibt mithilfe der Pipette zunächst einen Tropfen klares Wasser in das Wasser. Dann wird beobachtet, was passiert. Der Tropfen wird unsichtbar, sobald er im Wasser ist.
- Dann wird ein Farbtropfen in das Wasser gegeben und beobachtet, wie sich dieser Tropfen verhält. Erst nach einer Weile wird ein weiterer Tropfen hineingegeben und wieder beobachtet.
- Das Wasser wird erneuert und dann leicht in eine Richtung gerührt. Nachdem es sich etwas beruhigt hat, werden wiederum Tropfen in das Wasser gegeben. Die Kinder bemerken, dass sich die Tropfen von der Bewegung im Wasser mitreißen lassen.
- Das Wasser wird nun kräftig in eine Richtung gerührt und dann mittig mehrere Tropfen hineingeben. Es entstehen sich bewegende Schleier.

So geht's:
Die Kinder sollten von der Seite in das Glas hineinschauen können. Die Tintenpatronen werden mithilfe eines Füllers geöffnet (Patrone in den Füller einlegen, Kappe zu- und wieder aufschrauben, geöffnete Patrone herausnehmen). Die Kinder drücken Tropfen heraus und lassen sie ins Wasser fallen.

Tipp:
Es können auch dünnflüssige Farben verwendet werden (z. B. mit Lebensmittelfarben kräftig gefärbtes Wasser), allerdings verschwimmen die Figuren schneller.

Wasser

Gerührt, gelöst und verschwunden?

Viele Stoffe lösen sich in Wasser. Wasser wird daher als Lösungsmittel bezeichnet. Während sich Salz und Zucker gut in Wasser lösen lassen, sind Fette im Wasser praktisch unlöslich.

Das können die Kinder erfahren:

Nicht alle Stoffe lösen sich in Wasser. Die Kinder erwerben ein intuitives Verständnis von den Faktoren, die bei vielen chemischen Prozessen von Bedeutung sind: Die Reaktionsgeschwindigkeit erhöht sich durch Erwärmen und durch Rühren. Und: Stoffe verschwinden nicht, auch wenn es zunächst so scheint. Zucker (oder Salz) kann im Wasser so weit gelöst werden, dass er nicht mehr sichtbar ist. Dabei steigt der Wasserspiegel nicht an.

Das wird gebraucht:

Gläser, Löffel, Wasser, Zucker, Salz, Mehl, Steinchen, Streichhölzer

So geht's:

Die Kinder probieren aus, was geschieht, wenn sie die unterschiedlichen Materialien ins Wasser tun. Sie beobachten, dass sich Salz und Zucker völlig auflösen, sodass das Wasser wieder klar wird. Mehl mischt sich mit dem Wasser, Steinchen und Streichhölzer lösen sich nicht.

Zuckerwasser

Das wird gebraucht:

Zucker, Gläser, Löffel, heißes und kaltes Wasser, Filzstift

So geht's:

Ein Glas wird mit kaltem, ein Glas mit warmem Wasser gefüllt. Die Kinder markieren den Wasserstand (er muss in beiden Gläsern gleich hoch sein) jeweils mit einem Filzstift. Nun wird in jedes Glas die

gleiche Menge Zucker (oder Würfelzucker) gegeben und umgerührt. Die Kinder stellen fest, dass sich der Wasserspiegel in keinem der Gläser verändert, obwohl Zucker hinzugefügt wurde. Sie beobachten außerdem, dass sich der Zucker im warmen Wasser schneller löst als im kalten.

Experiment:
- Es ist spannend auszuprobieren, wie viel Zucker (oder Salz) sich im Wasser lösen lässt. Für diesen Versuch füllen die Kinder ein Glas mit warmem Wasser und rühren so lange Zucker hinein, bis er sich nicht mehr löst.

Tipp:
Die Lösungen nicht weggießen, sondern für den nächsten Versuch „Wo bleibt der Zucker?" weiterverwenden.

Wo bleibt der Zucker?
Das können die Kinder erfahren:
Der Zucker scheint nach dem Einrühren „verschwunden" zu sein. Nach dem Verdunsten des Wassers wird deutlich, dass dies nicht der Fall ist: Unter Ausbildung von Kristallen wird der Zucker bald wieder sichtbar. Dass es sich auch tatsächlich um Zucker handelt, kann durch einen Geschmackstest festgestellt werden.

Das wird gebraucht:
(dunkle) Untertasse, Zuckerwasser (stark gesättigt)

So geht's:
Das Zuckerwasser wird in die Untertasse gefüllt und an einen warmen Ort gestellt. Dort bleibt es so lange stehen, bis alles Wasser verdunstet ist.

Tipp:
Der Verdunstungsversuch kann auch gut mit Salz durchgeführt werden.

Wasser

Farbenreise

Das können die Kinder erfahren:
Auf ästhetisch besonders reizvolle Weise wird in diesem Versuch sichtbar, wie sich Zucker in Wasser auflöst.

Das wird gebraucht:
Ein Teller, Lebensmittelfarben (gibt's im Backregal), Zuckerwürfel, Wasser, evtl. Pipetten (preiswert in der Apotheke)

So geht's:
Drei Lebensmittelfarben werden in wenig Wasser z. B. in Eierbechern angerührt. Dann wird so viel Wasser auf den Teller gegeben, dass der Boden gerade bedeckt ist. Die Kinder beträufeln die Zuckerwürfel mit Farbe und legen sie mit der beträufelten Seite nach unten auf den Teller.

Experimente:
- Die Kinder beträpfeln zunächst einen Zuckerwürfel mit einer Farbe, legen ihn auf den Teller und beobachten, was passiert.
- Die Kinder tröpfeln unterschiedliche Farben auf mehrere Zuckerwürfel und legen sie auf einen anderen Teller mit Wasser. Die Zuckerwürfel lösen sich im Wasser auf. Der Lösungsprozess ist durch das allmähliche Zerfallen der Würfel sehr gut sichtbar. Die Farben zeigen, wie sich der Zucker im Wasser langsam ausbreitet und verteilt.

Tipp:
Die Zuckerwürfel können auch mit wasserlöslichen Filzstiften angemalt und auf den Teller gelegt werden. Besonders schön sieht es aus, wenn für einen Würfel mehrere Farben verwendet werden.

Süßwasser- Salzwasser

Etwa 97 Prozent des Wassers auf der Erde ist Salzwasser. Es ist ungenießbar, sodass Seefahrer auf dem Meer verdursten müssen, wenn sie kein Süßwasser haben. Dass man dieses Wasser nicht trinken kann, können die Kinder selbst feststellen, wenn sie salziges Wasser probieren.

Das können die Kinder erfahren:
Salzwasser hat eine besondere Eigenschaft: Es trägt besser als Süßwasser. Deshalb treibt man auf dem Wasser des Toten Meeres hoch oben an der Oberfläche.

Das wird gebraucht:
Zwei Trinkgläser, ein Ei, Salz, Löffel

So geht's:
Beide Gläser werden mit Wasser gefüllt. In das eine Glas rühren die Kinder etwa vier Esslöffel Salz hinein. Sie vermuten, was passiert, wenn sie das Ei in das Wasser legen. Zuerst legen sie das Ei in das Süßwasser, dann in das Salzwasser.

Sie stellen fest, dass das Ei im Süßwasser sinkt, im Salzwasser aber schwimmt.

Dichtes Salzwasser

Salz kann sich im Wasser vollständig auflösen. Das sieht man daran, dass das Wasser wieder ganz klar wird und der Wasserspiegel nicht ansteigt. Die Salzmoleküle setzen sich quasi in die „Lücken" zwischen die Wassermoleküle. Dadurch wird das Wasser in sich „dichter". Auch Flüssigkeiten und sogar feste Gegenstände haben jeweils eine bestimmte Dichte. Dabei verhält es sich so, dass ein weniger dichter Gegenstand auf einer dichteren Flüssigkeit schwimmt. Ist seine Dichte größer als die der Flüssigkeit, sinkt er. Das Ei in dem Versuch Süßwasser – Salzwasser ist also dichter als das Süßwasser, aber weniger dicht als das Salzwasser.

Feuer

Feuer ist schön und seltsam, es kann friedlich sein wie bei einer Kerze oder gewaltig wie bei einem Haus- oder Waldbrand. Es verzehrt die härtesten Dinge, strahlt aber auch wohlige Wärme aus. Feuer ist nützlich und wertvoll, solange es unter Kontrolle bleibt, aber es muss bekämpft werden, wenn es außer Kontrolle gerät. Diese Zwiespältigkeit spiegelt sich auch in dem Empfinden der Kinder gegenüber dem Feuer wider. Einerseits finden sie das Feuer faszinierend und schön, andererseits macht es ihnen aber auch Angst. Sie sollten daher lernen, das Feuer zu verstehen und es zu kontrollieren, damit sie sich und andere gegen die Gefahren schützen und dennoch von der Nützlichkeit des Feuers profitieren können. In dem Wissen, wie ein Feuer zu löschen ist, können die Kinder dann auch entspannt die behagliche Wärme eines Kaminfeuers, das Abenteuer eines Lagerfeuers oder das sanfte Leuchten des Kerzenlichts genießen.

Feuer anzünden und beobachten

Das können die Kinder erfahren: Nur wenige Kinder haben zu Hause die Gelegenheit, den Umgang mit dem Feuer zu üben. Die Erfahrungen mit dem Feuer ergeben sich deshalb oft aus zufälligen Ereignissen oder sind die Folge heimlichen Zündelns. Um in Gefahrensituationen besonnen handeln zu können, lernen sie mithilfe einfacher und sicherer Versuche, wie Feuer angezündet und gelöscht werden kann.

Das wird gebraucht:
Kerzen in Ständern, Stabfeuerzeuge, Haarbänder oder Gummiringe, Eimer mit Wasser, Handtuch

So geht's:
Vor Beginn der Experimente werden Sicherheitshinweise und Verhaltensregeln erklärt:
- Lange Haare werden beim Experimentieren mit Feuer zurückgebunden.
- Weite Ärmel werden umgekrempelt.
- Das Feuer wird immer vom Körper entfernt gehalten.
- Es muss ein Eimer Wasser bereitstehen.
- Ein Handtuch kann bei Bedarf in das Wasser getaucht und auf den brennenden Gegenstand gelegt werden.
- Streichhölzer werden immer am Ende angefasst, vom Körper weg angestrichen und stets mit dem Zündkopf nach oben, nie nach unten gehalten, weil die Flamme sonst die Finger erreichen kann.

Die Kinder werden sachlich darüber informiert, was im Gefahrenfall zu tun ist. Dann entzünden sie die Kerzen und beobachten die Flamme. Sie beschreiben die Form, die unterschiedlichen farbigen Zonen und das Verhalten der Flamme. Nun pusten sie leicht in die Flamme hinein und beobachten die dadurch entstehende Bewegung.
Anschließend pusten sie die Kerzenflamme aus und beobachten, was dabei geschieht.

Tipps:
- Zum ersten Üben eignen sich lange Kaminhölzer.
- Um die Gemütlichkeit und Behaglichkeit bei Kerzenlicht zu genießen, kann zusammen mit den Kindern ein Candlelight-Dinner veranstaltet werden. Im Sommer bietet ein gemeinsames Lagerfeuer die Möglichkeit, vielfältige Erfahrungen mit dem Feuer zu sammeln.

Feuer

Feuer sicher löschen

Fettbrände (z. B. in der Pfanne) dürfen keinesfalls mit Wasser gelöscht werden, weil das heiße Fett dann in alle Richtungen auseinander spritzt und schlimme Verbrennungen verursachen kann. Dies kann den Kindern eindrucksvoll demonstriert werden, wenn einige Tropfen Öl erhitzt und Wasser darauf gesprüht wird (Vorsicht – Abstand halten, Sprühflasche verwenden.) Ein Fett- oder Ölbrand wird bekämpft, indem der Deckel auf die Pfanne gelegt wird, denn Feuer erlischt, wenn die Sauerstoffzufuhr unterbrochen wird.

Feuer löschen

Das können die Kinder erfahren:
Feuer lässt sich auf vielfältige Weise und unter Zuhilfenahme unterschiedlicher Stoffe löschen.

Das wird gebraucht:
Teelichte in niedrigen Gläsern, Stabfeuerzeuge, Trinkgläser, Konservendeckel zum Abdecken der Gläser, Sand, ein Schälchen mit Wasser und Spülmittel, Trinkhalm, Löffel (Haarbänder oder Gummiringe, Eimer mit Wasser, Handtuch)

So geht's:
Die Kinder zünden die Teelichte an.

Experimente:
- Die Kinder beobachten die Flamme und legen den Deckel auf das Glas. Sie sehen, dass die Flamme erlischt und vermuten, warum dies so ist. Eine einfache Erklärung lautet, dass die Flamme frische Luft (Sauerstoff) benötigt, um zu brennen.
- Die Kerzen werden wieder angezündet und mit Sand gelöscht.
- Mit dem Trinkhalm in das Wasser blasen, bis sich Schaum gebildet hat. Dieser Schaum wird mit dem Löffel auf die Flamme gegeben, bis sie erlischt.

Was brennt wie?

Das können die Kinder erfahren:
Stoffe brennen unterschiedlich gut. Die Kinder können sich beim Experimentieren darüber Gedanken machen, welche dieser Stoffe sie in ihrem Zuhause vorfinden. Dies ist besonders deshalb wichtig, damit sie bei einem kleinen Brand (z. B. durch Umfallen einer Kerze) die Notwendigkeit erkennen, brennbare Stoffe aus dem Brandbereich zu entfernen. Sie sollten darüber informiert werden, dass eine dicke Decke ein solches Feuer löschen kann, wenn sie schnell darüber gedeckt wird.

Das wird gebraucht:
Ein Backblech, eine Grillzange, ein Stabfeuerzeug, kleine Proben verschiedener Materialien zum Verbrennen (ca. 5 x 5 cm groß, z. B. Papier, Pappe, Woll- und Polyesterfäden, Watte (Vorsicht, flammt stark auf!), Haare, Holzwolle, Stoff, Plastikfolie, Kerzenwachs, Stein, Schraube, Murmel), eine Schale mit Wasser zum Ablöschen, eine orangefarbene Pappe, eine weiße Pappe

So geht's:
Die Kinder vermuten zuerst, welche Stoffe brennen und welche nicht. Sie legen diejenigen, von denen sie vermuten, dass sie brennen, auf die orangefarbene, die anderen auf die weiße Pappe. Sie erzählen, woher sie diese Materialien (im Haushalt) kennen. Die Kinder nehmen eine Probe mit der Zange auf und zünden sie mit dem Stabfeuerzeug an. Sie beobachten, ob und wie die Probe verbrennt. Danach wird die Probe jedes Mal (egal, ob sie brannte oder nicht) in die Schüssel mit Wasser getaucht.
Zur Sicherung der Erfahrungen können intakte Proben auf die jeweils richtige Pappe geklebt und diese aufgehängt werden.

Tipp:
Die Sicherheitsregeln (siehe S. 27) vorher noch einmal wiederholen lassen.

Licht

Licht ist ein seltsames Phänomen. Nur wo Licht ist, können wir sehen, aber das Licht selbst sehen wir nicht. Lichtquellen wie die Sonne, die Sterne, das Feuer oder Lampen leuchten selbst, der Mond, die Planeten werden dagegen wie alles in unserer Umwelt angestrahlt und werfen einen Teil des empfangenen Lichts zurück. Trifft es auf unsere Augen, so können wir den Gegenstand sehen. Manchmal, wie beim Mond oder den Planeten, erscheint es dann so, als würde er selbst leuchten. Spiegel reflektieren fast das komplette Licht, ein schwarzer Gegenstand in der Sonne dagegen nimmt viel Licht auf. Die Energie des Sonnenlichts wird dann in fühlbare Wärme umgewandelt.

Ohne Licht keine Sicht

Das können die Kinder erfahren:
Ohne Licht können wir nichts sehen. Bei wenig Licht sieht man Farben als Grau oder Schwarz.

Das wird gebraucht:
Ein abdunkelbarer Raum, evtl. farbige Gegenstände, sofern im Raum nicht vorhanden, Taschenlampe, Tuch, ein Reflektor (gibt's im Fahrradhandel)

So geht's:
Die Kinder werden in den Raum geführt, dann wird das Licht ausgeschaltet. Wenn noch ein wenig Licht in den Raum fällt, können die Kinder nach einiger Zeit Umrisse sehen. Dann wird die Taschenlampe, die mit einem Tuch etwas abgedeckt ist, angeschaltet. Im Halbdunkel können die Kinder bereits einiges erkennen, allerdings kaum

Farben. Nun wird das Licht angeschaltet, um die Dinge „bei Licht" zu betrachten.

Achtung:
Die Kinder sollten vorher über den Versuch aufgeklärt werden, damit sie keine Angst bekommen. Das Licht wird sofort wieder angeschaltet, wenn ein Kind Angst hat.

Experimente:
- Der Reflektor wird den Kindern im Dunkeln in die Hand gegeben. Sie stellen fest, dass sie ihn bei völliger Dunkelheit nicht sehen können.
- Der Reflektor wird mit der Taschenlampe angestrahlt. Nun reflektiert er das Licht besonders gut.
- Der Reflektor wird bei Tageslicht betrachtet. Er hebt sich nicht von anderen Gegenständen ab. Ein Reflektor funktioniert also nur im Dunkeln, wenn er angestrahlt wird.

Sichere Kleidung im Dunkeln

Das können die Kinder erfahren:
Diese Versuche tragen dazu bei, das richtige Kleidungsverhalten im Straßenverkehr zu unterstützen. Die Kinder lernen, dass helle Kleidung im Dunkeln besser sichtbar ist als dunkle.

Das wird gebraucht:
Ein abdunkelbarer Raum, einige helle und einige dunkle Kleidungsstücke, eine Taschenlampe

So geht's:
Die Kinder ziehen helle und dunkle Kleidungsstücke an und probieren aus, welche man bei sehr wenig Licht noch sehen kann. Die Kinder probieren auch aus, welche Wirkungen bei unterschiedlicher Entfernung zu beobachten sind.

Licht

Licht ist Wärme
Das können die Kinder erfahren:
Das Sonnenlicht ist nicht nur hell, sondern auch warm. Im Sommer kann es eine Kerze zum Schmelzen bringen.

Schwarz oder weiß?
Das wird gebraucht:
Schwarze und weiße Kleidungsstücke und Gegenstände, direktes Sonnenlicht (auf einer Fensterbank)

So geht's:
Die Gegenstände werden einige Zeit nebeneinander in die direkte Sonne gelegt.

Experimente:
- Die Kinder stellen durch Fühlen fest, ob sie einen Unterschied entdecken können. Sie vermuten, wodurch der Temperaturunterschied hervorgerufen wird.
- Bei einem Gang nach draußen können sie fühlend der Vermutung nachgehen, dass dunkle Gegenstände in der Sonne wärmer werden als helle.
- Die Kinder setzen sich in die Sonne und ziehen nacheinander schwarze und weiße Kleidungsstücke an. Sie fühlen die Wärme z. B. auf ihrem Rücken.

Eine krumme Sache
Das wird gebraucht:
Lange Kerzen im Kerzenständer, direktes Sonnenlicht (auf einer Fensterbank)

So geht's:
Die Kerzen werden einige Zeit dem direkten Sonnenlicht ausgesetzt. Die Kinder fühlen und beobachten, dass sich die Kerzen im Verlauf der

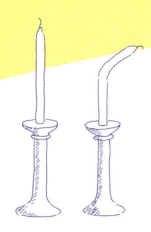

Zeit erwärmen. Ist die Sonneneinstrahlung stark genug, werden die Kerzen an der der Sonne zugewandten Seite allmählich schmelzen. Sie knicken an dieser Stelle ein und werden krumm.

Tipp:
Um die verbogenen Kerzen noch nutzen zu können, werden am besten weiße Kerzen verwendet. Die Kinder können damit „unsichtbare" Bilder auf Papier malen oder sich Geheimbotschaften zuschicken. Diese werden sichtbar, wenn sie mit Wasserfarben übermalt werden. Natürlich können Kerzenreste auch in einer Dose im Wasserbad geschmolzen und wieder zu neuen Kerzen gegossen werden.

Licht ist Energie

Ohne die Energie der Sonne gäbe es auf der Erde kein Leben. Durch ihr Licht ist es hell auf der Erde und es herrscht eine angenehme Temperatur. Dadurch können Pflanzen wachsen, die als Nahrung für Tiere und Menschen dienen.
Aber wir nutzen nicht nur die direkte Sonneneinstrahlung als Energiequelle: Auch im Erdöl und Erdgas, in Kohle und Torf ist Sonnenenergie gespeichert! Diese Energieträger sind aus Pflanzenresten und Tieren entstanden – die wiederum nur wachsen konnten mithilfe der Energie der Sonne.
Problematisch ist, dass die in Jahrmillionen gespeicherte Energie in wenigen Jahrzehnten – und damit für die Umwelt viel zu schnell – wieder freigesetzt wird.

Steine, Erde, Sand

Kinder lieben es, mit Steinen, Erde und Sand zu spielen. Sandburgen am Strand zeigen, wie fantasievoll und kreativ die Kinder mit diesen Materialien umgehen. Besonders der Sand fordert zu immer neuen Versuchen heraus: Im trockenen Zustand ist er pulverig und locker. Aufgeschichtet rieseln die Körnchen an den Seiten herunter, sodass nur kegelförmige Haufen entstehen können. Nass lassen sich Erde und Sand dagegen in viele Formen bringen. So entstehen Sandkuchen, Kugelbahnen, Berge und Tunnel.

... in Fühlkisten

Das können die Kinder erfahren:
Durch Erfühlen stellen die Kinder Unterschiede und Gemeinsamkeiten zwischen den Materialien Steine, Erde, Sand fest.

Das wird gebraucht:
Mindestens 6 Schuhkartons, Haushaltsfolie, Steine, Kies, Erde, feuchter Sand, trockener Vogelsand, Ton (gibt's im Bastelbedarf), Kartonmesser, Trinkglas mit weiter Öffnung, Servietten, Klebestreifen

So geht's:
Das Trinkglas dient zum Anzeichnen des Handlochs, das jeweils mit dem Kartonmesser in eine Schmalseite des Schuhkartons hineingeschnitten wird. Die Öffnungen sollten gerade so groß sein, dass die Kinderhand hineinpasst. Über der Öffnung wird eine Serviette oder ein Papiertuch angeklebt, damit die Kinder nicht hineinschauen können. Die Kartons werden innen mit Haushaltsfolie ausgelegt.

Je ein Karton wird mit Steinen, Kies, Erde, feuchtem Sand, trockenem Vogelsand und Ton befüllt. Die Kinder fühlen nun nacheinander, was in den Kartons ist. Nach einem zweiten Durchgang, in dem die Erfahrungen vertieft werden, schauen die Kinder in die Kartons hinein. Dabei sollten sie erfahren, wie die unterschiedlichen Materialien genannt werden.

... unter der Lupe

Das können die Kinder erfahren:
Mit der Lupe oder unter dem Mikroskop erkennen die Kinder, dass Erde und Sand aus kleinen Steinchen bestehen.

Das wird gebraucht:
Steine, Kies, Erde, feuchter Sand, trockener Vogelsand, Ton, Lupen, evtl. ein Mikroskop

So geht's:
Die Kinder betrachten die Materialien zunächst mit bloßem Auge und berichten darüber, was sie sehen. Sie nennen Gemeinsamkeiten und Unterschiede. Mit der Lupe betrachten sie Steine, Erde und Sand genauer. Sie stellen fest, dass alle Materialien aus gröberen oder feinen Steinchen bestehen und dass die Körnchen unterschiedliche Farben und Formen haben. Beim feuchten Sand oder feuchter Erde beobachten die Kinder, dass die Steinchen aneinander haften.

Tipp:
Lassen Sie die Kinder vermuten, wie Sand entsteht. Sie können selbst darauf kommen, dass große Steine zu kleinen zerrieben werden oder zerfallen. Mit einem Hammer können Steine (hier eignet sich Sandstein sehr gut) zertrümmert werden. Um zu verhindern, dass Splitter abspringen, wird der Stein vorher in eine Baumwolltasche gelegt.

Steine, Erde, Sand

... schütten, häufen, formen

Das können die Kinder erfahren:
Steine lassen sich aufeinander schichten, aber je glatter sie sind, desto schwieriger ist dies. Sand lässt sich im trockenen Zustand nur in einen kegelförmigen Schütthaufen verwandeln und immer wieder rutschen beim Versuch, den Haufen zu vergrößern, Lawinen zu Tal. Bei Zugabe von Wasser wird Sand formbar. Allerdings darf nicht zu viel Wasser verwendet werden, denn dann wird er zu Matsch und die Formen zerlaufen.

Das wird gebraucht:
Steine, Kies, Erde, feuchter Sand, trockener Vogelsand, Ton, 3 Schüsseln, Wasser, Sandförmchen, Wachsdecken o. Ä. zum Abdecken der Tische

So geht's:
Auf abgedeckten Tischen werden den Kindern die Materialien einzeln zum Spielen und Formen angeboten.

Experimente:
- Stein-Tisch: Die Kinder versuchen, die Steine zu einem möglichst großen Haufen aufzubauen. Sie stellen fest, dass dies dann umso schwieriger wird, je glatter die Steine sind.
- Vogelsand-Tisch: Die Kinder versuchen, den trockenen Vogelsand zu einem möglichst großen Haufen aufzubauen. Sie lernen den Begriff „Lawine" kennen, wenn die Seiten des kegelförmigen Berges durch Berieseln an den Seiten immer wieder plötzlich abrutschen.

- Tisch mit feuchtem Sand: Auf diesem Tisch werden drei Schüsseln aufgestellt. Darin befinden sich trockener Sand, feuchter und sehr nasser Sand. Die Kinder versuchen mithilfe der Förmchen „Kuchen" zu backen. Sie stellen fest, dass dies nur mit dem feuchten Sand gelingt.
- Erde-Tisch: Die Erde wird auf ihre Bestandteile hin untersucht. Wird Erde aus dem Garten verwendet, können die Kinder Pflanzenteile, Steinchen und evtl. sogar kleine Tiere, Schneckeneier o. Ä. entdecken. Wird Blumenerde verwendet, lassen sich meist Pflanzen- bzw. Torfreste finden.

Erde untersuchen

Im Erdreich findet sich allerhand Lebendiges, wie z. B. Regenwürmer, Schnecken- und Käferlarven. Außerdem lassen sich Wurzeln und Reste von Pflanzen entdecken. Im Wald finden sich besonders viele Tiere und Pflanzen im Boden. Allerdings sollten die Kinder vorher darauf hingewiesen werden, dass Tiere nicht aus ihrem Lebensraum entfernt und Pflanzen nicht zerstört werden sollten. Becherlupen eignen sich hervorragend, um kleine Tiere zu beobachten.

Stoffe

Chemiker bezeichnen die Gesamtheit der Materialien als Stoffe. Die Eigenschaften der Stoffe zu beschreiben, ist eine Aufgabe des Chemikers. Stoffe können fest, flüssig oder gasförmig sein, sie haben unterschiedliche Aggregatzustände. Ein und derselbe Stoff kann seinen Aggregatzustand verändern: Durch Einwirkung von Wärme werden viele Stoffe weicher oder schmelzen. Verringert sich die Temperatur, erstarren sie. Bei Frost werden sie hart.
Stoffe können auch Verbindungen miteinander eingehen, wenn sie z. B. vermischt werden. Man sagt dann, die Stoffe reagieren miteinander.

Schmelzen

Das wird gebraucht:
200 g dunkle Schokolade, 150 g Margarine, 2 Esslöffel Wasser, 1 Beutel Vanillezucker, 175 g gesiebter Puderzucker, 1 Eigelb, 100 g Schokoladenstreusel (oder auch geriebene Mandeln, Kokosnussraspel, Kakaopulver oder Puderzucker), ein Kochtopf, eine Herdplatte, eine Blechdose, eine Schüssel, Eierbecher, Löffel, Gabeln, Teller

So geht's:
Die Kinder erhalten kleine Stückchen der Schokolade zum Probieren. Sie sollen darauf achten, wie hart die Schokolade ist. Im Mund schmilzt sie dann. Die Kinder vermuten, warum das so ist.
Eine Vermutung ist, dass die Schokolade durch die Wärme schmilzt. Nun geht's ans Testen: Der Topf wird ca. 5 cm hoch mit Wasser gefüllt und erhitzt. Die Schokolade wird in die Blechdose gelegt und

im Wasserbad erhitzt. Sie schmilzt langsam. Ein kleiner Teil der flüssigen Schokolade wird in den Eierbecher gegossen, damit die Kinder sich davon überzeugen können, dass sie wieder erstarrt.
Damit die Schokolade genutzt wird, werden Pralinen hergestellt.

Pralinenrezept
- Die Margarine in die Schüssel geben und geschmeidig rühren.
- Puderzucker, Vanillezucker, Eigelb und die geschmolzene Schokolade hinzugeben.
- Alles kühl stellen.
- Nach dem Erkalten nussgroße Kugel formen.
- Die Kugeln in Schokoladenstreuseln, geriebenen Mandeln, Kokosnussraspeln, Kakaopulver oder Puderzucker wenden.

Erstarren
Das wird gebraucht:
125 g Zucker, 1/8 l Sahne, 30 g Margarine, 1 Päckchen Vanillezucker, 1 Teelöffel Honig, Butter, Backblech

So geht's:
Die Kinder können helfen, die Zutaten einzurühren. Dann schauen sie dem Prozess weiter zu. Das Kochen der Zutaten sollte aus Sicherheitsgründen nur von Erwachsenen durchgeführt werden. Das Probieren können dann wieder die Kinder übernehmen …

Karamellbonbonrezept
- Die Zutaten in den Topf rühren.
- Bei mittlerer Hitze muss die Masse genau 25 Minuten kochen. Dabei ständig rühren.
- Das Backblech mit der Butter einfetten.
- Die Masse gleichmäßig auf dem Backblech verteilen und erkalten lassen.
- Dann in kleine Blöcke zerschneiden.

Stoffe

Brausen und Schäumen

Das können die Kinder erfahren:
Dass verschiedene Materialien Verbindungen miteinander eingehen, haben die Kinder schon in den Experimenten mit dem Wasser beobachtet, als sie z. B. Zucker im Wasser aufgelöst haben. Chemiker sprechen dann davon, dass die Stoffe miteinander reagieren. Gibt man verschiedene Stoffe zusammen, kann es zu eindrucksvollen Reaktionen kommen. Hier sollten die Kinder erfahren, dass beispielsweise Putzmittel (vor allem Chlorreiniger und andere Reiniger) nicht wahllos gemischt werden dürfen.

Das wird gebraucht:
1 Päckchen Natron (im Back- oder Waschmittelregal) oder Backpulver, etwas Essig, Lebensmittelfarbe, Plastikbecher, Wanne

So geht's:
Die Kinder schütten etwas mit Lebensmittelfarbe vermischten Essig in den Becher. Dann geben sie reichlich Natron oder Backpulver hinzu. Sie beobachten, was passiert. Die beiden Stoffe reagieren sehr heftig miteinander. Es entsteht Kohlenstoffdioxidgas, was dazu führt, dass die Mischung stark schäumt.

Rakete

Das können die Kinder erfahren:
Füllt man eine Brausetablette in ein mit Wasser gefülltes Döschen, entsteht ein Gas. Dieses Gas braucht mehr Platz als die Tablette und die Luft im Gefäß. Es drückt den Deckel mit einem Knall heraus.

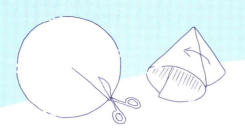  

Das wird gebraucht:
Filmdose mit Deckel, Vitaminbrausetabletten, große Wanne, Wischlappen

So geht's:
Die Kinder füllen die Filmdose etwa zu einem Drittel mit Wasser und legen eine halbe Vitaminbrausetablette hinein. Nun müssen sie den Deckel schnell verschließen und die Dose schnell (!) auf dem Deckel stehend in die Wanne stellen. Die Kinder sollen sich etwas entfernen. Durch den entstehenden Überdruck springt der Deckel ab und die Dose schießt hoch.

Tipp:
Die Rakete kann noch mit einem spitzen Hütchen versehen werden: Dazu schneiden die Kinder eine Kreisscheibe aus. Sie wird an einer Stelle bis zur Mitte eingeschnitten und so weit übereinander geschoben, dass sie auf die Filmdose (unten) gesetzt werden kann. Dann wird sie mit Klebestreifen oder Flüssigkleber befestigt.

Chemikalien
Chemikalien sind meist nützlich, sie können aber auch gesundheits- oder umweltschädlich sein. Warnhinweise auf Verpackungen helfen, Gefahren einzuschätzen. Die Kinder können dazu angeregt werden, auf Putzmittel- oder Chemikalienverpackungen (z. B. auch im Baumarkt) nach diesen Symbolen zu suchen.

 giftig bis sehr giftig

 gesundheitsschädlich

 explosionsgefährlich

 entzündlich

 umweltgefährdend

Pflanzen

Pflanzen sind elementare Bestandteile unseres Lebens. Kinder kennen viele Pflanzen aus ihrer Lebenswelt. Durch den täglichen Kontakt wissen sie, dass man manche Pflanzen essen kann, dass andere auf Fensterbänken stehen und gegossen werden müssen, und sie kennen Bäume, Sträucher, Blumen und Gras. Über die Bedürfnisse von Pflanzen haben jedoch die wenigsten Kinder tiefer nachgedacht. Auf einfache Weise können sie selbst untersuchen, was Pflanzen zum Leben brauchen: Licht, Luft und Wasser.

Springende Erbsen

Das können die Kinder erfahren:
Getrocknete Erbsen sind wie viele Samen hart und fest, dennoch können sie Wasser aufnehmen. Sie quellen auf und platzen nach einer Weile.

Das wird gebraucht:
getrocknete Erbsen, ein Trinkglas, Suppenteller, Wasser

So geht's:
In das Trinkglas etwas Wasser einfüllen (ca. 2–3 cm hoch). Das Glas wird auf den Teller gestellt und randvoll mit Erbsen befüllt. Nach einigen Stunden quellen die Erbsen so stark auf, dass sie aus dem Glas heraus auf den Teller fallen.

Starke Bohnen

Das können die Kinder erfahren:
Pflanzen können Gestein sprengen, wenn sie wachsen. Kinder kennen dieses Phänomen aus ihrer Umwelt: Pflanzen wachsen im Pflaster, Wurzeln sprengen Beton und Asphalt.

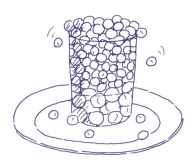

Das wird gebraucht:
getrocknete oder leicht vorgequollene Bohnen, ein Jogurtbecher, Gipspulver zum Anrühren, Wasser

So geht's:
Die Kinder rühren den Gips an (wie auf der Packung beschrieben). Sie geben eine kleine Menge davon in den Becher. Dann werden einige Bohnen hineingegeben und wiederum mit etwas Gips übergossen. Nochmals werden einige Bohnen hineingelegt. Dann füllen die Kinder den Becher bis knapp unter den Rand mit Gips auf. Sie füllen außerdem zum Vergleich einen weiteren gleich großen Becher nur mit Gipsmasse. Die Gipsmasse sollte einen Tag gut durchtrocknen. Die Kinder kontrollieren dies fühlend. Dann werden beide Becher jeden Tag mit wenig Wasser gegossen. Nach wenigen Tagen sprengen die Bohnen den hart gewordenen Gips. Der Gips im Vergleichsbecher verändert sich nicht.

Platzende Samen

Das können die Kinder erfahren:
Mit diesem einfachen Experiment können die Kinder untersuchen, wie Wasser Samen zum Keimen bringt.

Das wird gebraucht:
Kressesamen, Watte, eine flache Schale, Wasser

So geht's:
In die Schale wird eine dünne Watteschicht gelegt. Die Kinder säen die Kressesamen darauf aus und wässern täglich. Nach etwa einer Woche können sie die Kresse ernten.

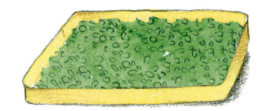

Pflanzen

Grüner Garten

Das können die Kinder erfahren:
Pflanzen können ohne Licht und Wasser nicht wachsen. Fehlt das Licht, werden sie nicht grün. Fehlt das Wasser, vertrocknen sie.

Das wird gebraucht:
Kressesamen, Watte, eine flache Schale, Wasser

So geht's:
Die Kressesamen werden wie auf Seite 43 beschrieben ausgesät. Dabei wird allerdings eine Pappe auf die Schale gelegt, die nur in der Mitte eine z. B. herzförmige Öffnung hat. Die Kinder stellen fest, dass dort, wo die Pappe das Licht durchlässt, die Kresse besser wächst und grün wird.

Wüste

Das wird gebraucht:
Eingesäte Kresse, Watte, eine flache Schale

So geht's:
Die Kresse in dieser Schale wird nach dem ersten Mal nicht mehr gewässert. Die Kinder stellen fest, dass die Kresse ohne Wasser nicht wächst.

Suchende Bohne

Das können die Kinder erfahren:
Pflanzen brauchen Licht zum Wachsen. Wenn sie nur wenig Licht haben, wachsen sie in die Richtung, in die Licht einfällt.

Das wird gebraucht:
getrocknete Bohnen, 2 kleine Blumentöpfe mit Erde, 2 Schuhkartons

So geht's:
Die Kinder pflanzen die Bohnen in die Töpfe und wässern sie. In einen Karton wird in die Schmalseite ein Loch (ca. 3 cm im Durchmesser)

hineingeschnitten. Die beiden Kartons werden hochkant gestellt und die Töpfe hineingesetzt. Die Deckel werden verschlossen. Die Kinder wässern beide Töpfe täglich (wenig Wasser geben). Danach wird der Deckel wieder verschlossen. Etwa nach einer Woche beginnen die Bohnen zu wachsen. Die Bohne in dem Karton mit dem eingeschnittenen Loch wächst deutlich besser und immer zum Licht hin.

Gestreifte Blätter

Das wird gebraucht:
Grüne Blätter an einem niedrigen Busch oder Baum, schwarzes Tonpapier, Schere, kleine Klammern oder Büroklammern

So geht's:
Die Kinder suchen sich ein Blatt aus. Dann schneiden sie einen etwa 10 cm langen und 2–3 cm breiten Streifen des Tonpapiers zurecht und knicken ihn in der Mitte. Dieser Streifen wird um das Blatt herumgelegt und mit kleinen Klammern oder Büroklammern am Blatt befestigt.

Nach einer Woche schauen die Kinder zum ersten Mal nach, ob sich bereits Veränderungen beobachten lassen. Nach etwa zwei Wochen ist zu sehen, dass das Blatt an der abgedunkelten Stelle kein Blattgrün mehr gebildet hat. Der Streifen wird nun entfernt und das Blatt in den darauf folgenden Tagen beobachtet. Langsam färbt es sich wieder grün.

Was Pflanzen brauchen

Licht ist notwendig, damit die Pflanze das Blattgrün bilden kann. Den grünen Farbstoff braucht sie, um Zucker herstellen zu können. Daraus bildet sie wiederum Fette, Öle und Eiweiß, die für die Ernährung von Mensch und Tier unabdinglich sind. Wasser hält die Zellen der Pflanze prall und sorgt dafür, dass sie nicht austrocknet. Außerdem entzieht die Pflanze dem Wasser Mineralsalze. Aus der Luft filtert die Pflanze vor allem das Gas Kohlenstoffdioxid heraus. Dieses Gas atmen Menschen und Tiere aus. Die Pflanze produziert Sauerstoff, den wir wiederum zum Atmen brauchen.

Gleichgewicht

Das Gleichgewicht zu halten ist für Kinder oft noch keine selbstverständliche Fähigkeit. Sie haben im Verhältnis zum Körper einen recht großen Kopf, sodass der Schwerpunkt des Körpers höher liegt als beim Erwachsenen. Deshalb ist die Gefahr so groß, dass Kinder aus dem Fenster herausfallen, wenn sie sich hinausneigen. Wollen sie das Fahrradfahren lernen, müssen sie ebenfalls erst üben, den Körper so zu bewegen, dass er nicht einseitig Übergewicht bekommt und mitsamt dem Fahrrad umkippt. Gleichgewichtsspielzeuge sind auch wegen dieser Erfahrungen immer besonders faszinierend für Kinder.

Stehaufmännchen

Das können die Kinder erfahren:
Die Kinder können durch das Experimentieren ein Gefühl für die Lage und die Bedeutung des Schwerpunktes von Körpern gewinnen.

Das wird gebraucht:
Tischtennisbälle, Knetgummi, kleine Spielfiguren

So geht's:
Die Tischtennisbälle werden von Erwachsenen mit einem Messer oder einer Säge in je zwei Hälften geschnitten. Die Kinder kneten zunächst das Knetgummi weich. Dann füllen sie die Ballhälften mit Knetgummi. Sie drücken eine Spielfigur (z. B. aus Überraschungseiern) in das Knetgummi hinein und probieren aus, wie ihr Stehaufmännchen funktioniert.

Tipp:
Eine Murmel kann als zusätzliches Gewicht unten in der Schale noch stabilisierend wirken.

Experimente:
- Die Kinder positionieren die Figur einseitig und schauen, was passiert. Sie stellen fest, dass sie sich einseitig neigt und manchmal sogar umkippt.
- Sie setzen eine zu schwere oder zu leichte Figur auf. Hieran können sie feststellen, dass eine schwere Figur beim Schaukeln leichter umkippt.
- Sie versetzen das Stehaufmännchen in Drehbewegung und stellen fest, dass es taumelt.
- Ist die Figur in sich beweglich, kann sie einmal nach vorne gebeugt werden. Auch dann führt das Stehaufmännchen eine taumelnde Bewegung aus, die es leicht zum Umkippen bringt.

Wackelpeter

Das wird gebraucht:
Plastikschalen (gibt's im Bastelbedarf: Kugeln, die aus zwei Hälften bestehen und auseinander genommen werden können), Plastiklöffel, Pfeifenputzer, wasserfester Filzstift, Gips

Das wird gebraucht:
einige Plastikhalbschalen, Speiseöl, Gips, Knetgummi, Spielfigur oder Plastiklöffel und Trinkhalme

So geht's:
In den Plastikhalbschalen einen Tropfen Öl verreiben und mit angerührter Gipsmasse füllen, antrocknen lassen und herausnehmen, ca. 12 Stunden durchtrocknen lassen. Die Kinder kleben Spielfiguren oder selbst gefertigte Figuren aus Plastiklöffeln mit Knetgummi auf die Halbkugeln.

Gleichgewicht

Balancieren

Das wird gebraucht:
Styroporklotz (10 cm x 4 cm x 4 cm), zwei kleine Gabeln, Zahnstocher, Bild einer Figur

So geht's:
Die Kinder stecken die beiden Gabeln wie auf dem Foto in den Styroporklotz hinein. Die Gabeln müssen recht weit unten eingesteckt werden. An die Unterseite des Styroporklotzes wird ein Zahnstocher eingesteckt. Zuletzt wird der Klotz mit einer Figur beklebt oder bemalt und mit der Spitze des Zahnstochers auf eine Flasche gestellt.

Tipp:
Nicht immer bleibt der Klotz aufrecht stehen. Durch vorsichtiges Loslassen kann ausprobiert werden, ob er trotz Schräglage nicht herunterfällt. Er hält sich auch in ganz erstaunlicher Schräglage oft noch stabil auf der Spitze des Zahnstochers.

Experimente:
- Die Kinder stecken die Gabeln unterschiedlich hoch ein. Werden sie zu weit oben eingesteckt, fällt der Klotz herunter.
- Die Kinder versuchen, die Figur möglichst waagerecht auszurichten. Das gelingt am besten, wenn die Gabeln möglichst symmetrisch eingesteckt werden.
- Die Figur soll absichtlich in Schieflage gebracht werden. Das gelingt durch das etwas ungleiche Einstecken der beiden Gabeln.

Achtung:
Die Kinder auf dem Boden (nicht auf dem Tisch) arbeiten lassen, weil die Gabeln beim Experimentieren herunterfallen.

Schwerpunkt

Alle Körper haben einen Schwerpunkt, aber sehen kann man ihn nicht. Hält man einen Körper genau in seinem Schwerpunkt, fällt er nicht herunter, selbst wenn die Auflagefläche gering ist. Wichtig für das Wiederaufrichten von Stehaufmännchen ist, dass der Schwerpunkt tief liegt. Wenn es angestoßen wird, gerät es aus dem Gleichgewicht, „versucht" jedoch immer wieder in die stabilste Lage zurückzuschwingen. Bei den Tassentieren (Beschreibung S. 50 f.) liegt der Schwerpunkt sogar tiefer als der Aufhängepunkt.

Gleichgewicht

Tassentiere

Das wird gebraucht:
Bastelpappe, Cent-Münzen, Schablonen: Fledermaus, Schmetterling, Flüssigkleber

So geht's:
Die Kinder übertragen die Schablonen zwei Mal auf Pappe und malen diese an. Nun beide Figuren Rücken an Rücken zusammenkleben.

Experimente:
- Die Kinder stellen die Figur mit dem Kopf nach unten auf einen Tassenrand und beobachten, was passiert. Sie fällt herunter.
- Je eine Cent-Münze wird an die Flügelspitzen geklebt. Dann probieren die Kinder erneut aus, ob die Figur auf dem Kopf stehen kann.
- Sie lassen die Figuren auf den Fingern oder anderen schmalen Gegenständen balancieren.
- Die Kinder spannen ein Seil aus Garn auf, um die Figuren darauf balancieren zu lassen.
- Die Kinder schupsen die Figuren leicht an und prüfen ihre Stabilität.

Tipp:
Tassentiere sind eine lustige Tischdekoration für Partys.

Kopfstand

Das wird gebraucht:
Bastelpappe, Cent-Münzen, Schablone Affe

So geht's:
Die Kinder übertragen die Schablone auf Pappe und malen diese an. Nun werden die Cent-Münzen an die Hände geklebt. Die Kinder versuchen dann, die Figur auf einem Buntstift balancieren zu lassen.

Tipp:
Die Figuren können auch alle auf eine Leine gesetzt werden.

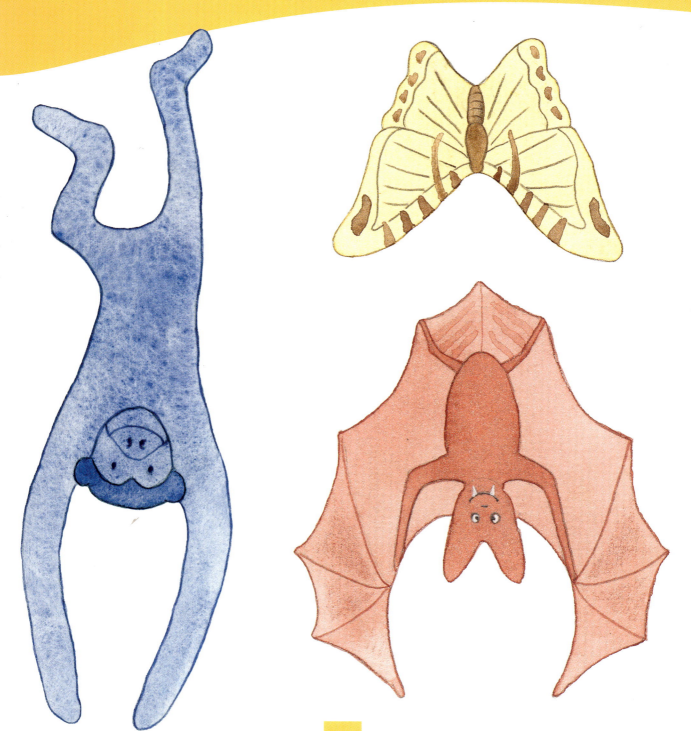

Elektrizität

Die Wirkungen des elektrischen Stroms kennen Kinder aus ihrer Umwelt. Viele Geräte funktionieren mit Strom aus der Steckdose oder aus Batterien. Kinder wissen auch, dass Strom gefährlich sein kann: Sie werden bereits früh mit eindringlichen Verboten davor gewarnt, Gegenstände in die Steckdose zu stecken.

Auch auf weitere Gefahren des Netzstroms sollten die Kinder hingewiesen werden. Sie sollten wissen, dass sie niemals defekte Kabel anfassen, elektrische Geräte niemals ins Wasser werfen und vor allem niemals mit Netzstrom experimentieren dürfen.

Batteriestrom ist dagegen ungefährlich. Batterien eignen sich daher hervorragend, um erste Erfahrungen mit Strom zu sammeln.

Leuchtende Lämpchen

Das können die Kinder erfahren: Glühlämpchen brauchen elektrischen Strom zum Leuchten. Dazu werden die Lämpchen an die Batterie angeschlossen. Das funktioniert aber nicht beliebig: Es müssen die richtigen Stellen am Glühlämpchen mit den Laschen der Batterie verbunden werden. Der Strom muss dabei immer einen Kreislauf beschreiben: Er muss von der Batterie in das Lämpchen und wieder in die Batterie zurückfließen können.

Das wird gebraucht:
Flachbatterien mit Laschen, Glühlämpchen (1,5 V)

So geht's:
Der Prozess des Probierens ist hier besonders wichtig. Die Kinder sollten selbst herausfinden, auf welche Weise das Glühlämpchen zum Leuchten gebracht werden kann. Sie erkennen durch Ausprobieren, dass die Laschen der Batterie an den Fußpunkt und an das Gewinde des Lämpchens gehalten werden müssen.

Experimente
- Das Glühlämpchen wird durch Anhalten des Fußpunktes und des Gewindes an die Laschen zum Leuchten gebracht.
- Das Glühlämpchen vor und während des Glühens befühlen, um den Temperaturunterschied wahrzunehmen.

Tipp:
Bei einer normalen Haushalts-Glühlampe mit durchsichtigem Glas können die Kinder den Glühdraht anschauen. Ist eine Glühlampe „durchgebrannt", dann kann man ein leises Klingeln des losen Glühdrahtes wahrnehmen, wenn die Lampe hin- und hergeschüttelt wird.

Glühwendeln

Der wichtigste Bestandteil einer Glühbirne ist der Glühdraht. Er ist sehr dünn und gewendelt, weil auf diese Weise die Lichtausbeute vergrößert werden kann. Auch ein gerader Draht kann leuchten, jedoch in weit geringerem Maß. Die Wendeln liegen nahe beieinander und werden dadurch sehr heiß. Um ein Verbrennen der Wendel zu verhindern, ist der Glaskolben einer Glühlampe luftleer gepumpt oder mit Gas gefüllt. Dies ist notwendig, weil Sauerstoff zu einer Verbrennung führt und den Draht durchglühen lassen würde.

Elektrizität

Stromkreis

Das wird gebraucht:
Flachbatterien mit Laschen, Glühlämpchen (1,5–3,8 V), Fassungen, Klingeldraht (gibt's alles im Elektronik- oder Schulbedarf), alte Schere oder evtl. eine Abisolierzange aus dem Elektrohandel, Klebeband

So geht's:
Vom Klingeldraht werden etwa 10–15 cm lange Stücke abgeschnitten. Nur das Kupferkabel kann den Strom leiten, deshalb muss die Isolierung an den Enden entfernt werden (ca. 2 cm). Dafür eignet sich eine alte Nagelschere: Die Isolierung wird rundherum vorsichtig angeschnitten und dann abgezogen, ohne dass der innen liegende Kupferdraht beschädigt wird. (Im Elektrohandel gibt es dafür preisgünstige Abisolierzangen, die diesen Vorgang sehr vereinfachen.) Die Kinder schrauben das Glühlämpchen in die Fassung ein und wickeln ein Kabelstück um eine der Schrauben der Fassung, das andere wird an der Mittellasche der Fassung befestigt. Die anderen Enden verbinden sie mit den Batterielaschen.

Experiment für Fortgeschrittene:
- Die Kinder schließen mehrere Lämpchen an die Batterie an. Dies kann auf unterschiedliche Weise geschehen: Sie können die Lämpchen in Reihe oder parallel schalten (siehe Illustration). Dabei können sie feststellen, dass die Lämpchen in der Reihenschaltung weniger hell leuchten als in der Parallelschaltung.

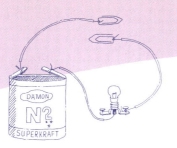

Häuschen beleuchten

Das wird gebraucht:
Schachteln, buntes Transparentpapier, Bastelpappe, Schere oder Prickelnadel, Klebstoff, Batterie, 2 Stücke Kabel (Klingeldraht), Fassung, Glühlämpchen, evtl. Deckfarbe

So geht's:
Die Kinder sammeln Schachteln, schneiden oder prickeln Fensterlöcher hinein und bekleben diese von innen mit farbigem Transparentpapier. Von außen können diese Häuschen mit Deckfarbe bemalt werden. Sie bauen einen einfachen Stromkreis aus Batterie, Kabeln und Glühlämpchen und stellen diesen Aufbau in die Häuschen hinein.
Die Häuschen sollten wegen der besseren Wirkung in einem dunklen Raum aufgestellt werden.

Tipps:
Immer darauf achten, dass die Lämpchen nicht ununterbrochen angeschlossen bleiben, weil sonst die Batterien schnell leer werden. Die Batterien sollten kühl gelagert werden (nicht in der Sonne stehen lassen!), damit sie lange halten. Aus zwei Büroklammern kann ein einfacher Schalter gebaut werden. Die Klammern werden einfach aneinander gehakt. Eine weitere Variante wird aus Musterbeutelklammern, Pappe und einer Büroklammer hergestellt. Die Kabel werden mit den Klammern verbunden (siehe Foto).

Elektrizität

Knistern, Blitze und fliegende Haare

Kinder kennen das: Beim Bürsten des Haares oder beim Ausziehen von Wollpullovern oder Vliesjacken knistert und funkt es manchmal. Es kann sogar vorkommen, dass es zwischen sich berührenden Menschen „funkt". Besonders reizvoll an diesem Phänomen, das man Elektrostatik nennt, ist, dass es Bewegungen dort erzeugt, wo man sie eigentlich nicht erwartet: zum Beispiel bei dem Konfetti-Versuch oder den fliegenden Haaren. Dies löst bei den Kindern Erschrecken, Staunen, Freude und Verwunderung aus – Empfindungen, die als Voraussetzung für Neugier und Lust zum Forschen gelten.

Aufgeladen

Das können die Kinder erfahren:
Durch Reiben können Dinge „aufgeladen" werden. Dies bewirkt, dass Haare abstehen, Luftballons an Wänden haften oder einander gegenseitig abstoßen und Papierschnipsel sich wie lebendig gebärden.

Das wird gebraucht:
Luftballons, Konfetti, Faden, evtl. Woll- oder Polyestervliespullover

So geht's:
Die aufgeblasenen Luftballons werden an den eigenen Haaren (oder am Wollpullover) gerieben.

Experimente:
- Fliegende Haare: Die Kinder reiben den Luftballon an ihren Haaren. Die Haare werden vom Luftballon angezogen.
- Unsichtbarer Klebstoff: Der Luftballon wird kräftig an den Haaren oder am Wollpullover

gerieben und dann an die Wand gedrückt. Er bleibt dort haften.
- **Abstoßende Luftballons:** Zwei an einem Faden zusammengebundene Luftballons werden gerieben. Sie entfernen sich voneinander.
- **Konfetti-Versuch:** Konfetti wird von einem durch Reiben aufgeladenen Luftballon angezogen.

Spiele:

Durch einfache Spiele sammeln die Kinder Erfahrungen mit elektrostatischen Erscheinungen. Sie nutzen die Aufladung, um Bewegungen zu erzeugen, die die Spielzeuge wie lebendig erscheinen lassen.

- Schlangentanz:
  Einige Fäden aus Perlgarn (Stickgarn) werden mit Klebefilm am Tisch befestigt. Ein an Wolle geriebener Luftballon zieht die Fäden hoch. Der Schlange kann auch ein Kopf aus Transparentpapier angeklebt werden.

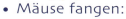

- Mäuse fangen:
  Aus einer Schicht eines Papiertaschentuchs ausgeschnittene Mäuse (oder andere Figuren) werden vom Ballon angezogen. Wird der Maus ein Schwanz aus Polyester-Nähgarn angeklebt, ringelt sich dieser Schwanz wie lebendig. Es lassen sich lustige Spiele inszenieren: An dem Schwanz festgehalten, scheint die Maus unbedingt zum Ballon hin zu wollen. Sie schwebt dabei in der Luft. Kleben kleine Männchen aus Taschentuchpapier am Ballon, kann die Maus diese mit etwas Glück wieder befreien, wenn sie an ihr haften bleiben.

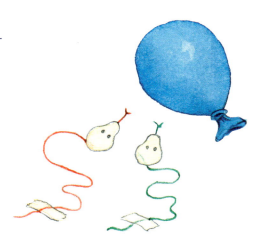

Magnetismus

Kinder kennen Magnete aus Spielzeugen und aus dem Haushalt: Küchenschranktüren schließen mit Magneten, es gibt Magnettafeln für Notizen und im Bad gibt es Seifenhalter mit Magneten. Magnete sind für Kinder außerordentlich faszinierend. Sie ziehen Gegenstände an und können einander abstoßen. Einem Magneten sieht man diese Fähigkeit zunächst nicht an. Erst wenn Eisen oder ein anderer Magnet in der Nähe ist, zeigt sich die Wirkung.

Was wird angezogen?

Das können die Kinder erfahren:
Magnete ziehen Gegenstände aus Metall an, Plastik, Holz und Stoff dagegen nicht. Aber auch nicht jedes Metall wird angezogen: Edelmetalle wie Gold und Silber oder Aluminium werden durch die Wirkung des Magneten nicht berührt.

Das wird gebraucht:
Magnete (gibt's preisgünstig im Elektronik- oder Schulbedarf), unterschiedliche Materialien zum Testen (Schrauben oder Nägel aus unterschiedlichem Metall [Stahl, Messing, Aluminium, Kupfer], Modeschmuck, Goldring, Münzen, Plastikspielfiguren, Trinkhalm, Knöpfe, Holzspielzeug, Stofftier ...)

So geht's:
Die Kinder gehen zunächst im Raum umher und testen, woran die Magnete haften bleiben. Dann werden ihnen unterschiedliche Materialien zum Testen angeboten. Sie legen die Objekte auf zwei Häufchen: Die einen werden angezogen, die anderen nicht. Nun probieren sie aus, wie sich zwei Magnete zueinander verhalten. Sie stellen fest, dass die Magnete sich am einen Pol anziehen, am anderen abstoßen.

Zauberei?

Das können die Kinder erfahren:
Die Magnetkraft wirkt auch durch Materialien hindurch.

Das wird gebraucht:
Magnete, ein dünnes und ein dickes Holzbrett (Tischplatte), Pappe, Tischset, Papier, ein Glas mit Wasser

So geht's:
Die Kinder probieren aus, ob die Magnetkraft auch durch Gegenstände hindurch wirkt. Sie gehen spielerisch mit den Magneten um, indem sie einen Magneten auf eine Tischplatte, ein dünnes Brett, ein Stück Pappe etc. legen und einen anderen Magneten darunter her führen.

Experiment:
Die Kinder testen, ob Magnete auch durch Glas und Wasser hindurch wirken. Dazu wird eine Büroklammer in ein Glas mit Wasser geworfen. Sie soll wieder herausgeholt werden, ohne den Magneten ins Wasser zu halten.

Magnetsegeln

Das können die Kinder erfahren:
Die Magnetkraft wirkt durch Glas, Wasser und Luft hindurch.

Das wird gebraucht:
Magnete, Korken, farbige Tonpappe, Zahnstocher, Eisen- oder Stahlschrauben (kein Messing oder Aluminium) ca. 3 cm lang, Klebstoff, Schere

So geht's:
Die Kinder schneiden Dreiecke aus dem Papier aus, knicken sie und kleben sie um die Zahnstocher herum. Diese „Segelmasten" werden dann in den Korken gesteckt. (Den Kindern dabei helfen oder die Löcher mit einem dünnen Handbohrer vorbohren.) In den Korken wird unten als Kiel eine Schraube eingedreht oder ein kleiner Magnet daran befestigt, indem er in einen Schlitz (muss von Erwachsenen geschnitten werden) eingeschoben wird. Die Kinder dirigieren die Segelboote, ohne sie zu berühren.

Impressum

Hilde Köster ist Grundschullehrerin und zurzeit als Wissenschaftliche Mitarbeiterin an der Universität Hildesheim tätig. Ihr Arbeitsgebiet ist die kindgerechte Vermittlung naturwissenschaftlich-technischer Inhalte.

© Christophorus im Verlag Herder Freiburg im Breisgau 2005
www.christophorus-verlag.de

Alle Rechte vorbehalten
Printed in Germany

ISBN 3-419-53221-0

Dieses Buch ist urheberrechtlich geschützt. Jede gewerbliche Nutzung der Texte, Abbildungen und Illustrationen, ein Nachdruck, auch auszugsweise, sowie die Verbreitung durch Fotokopien, Internet und elektronische Medien, durch Film, Funk und Fernsehen ist untersagt und wird zivil- und strafrechtlich verfolgt. Bei Anwendung im Unterricht und in Kursen ist auf dieses Buch hinzuweisen.

Lektorat: Beate Vogt

Illustrationen: Gertrud Schrör

Fotos:
Hilde Köster: Seiten 14, 16, 19 rechts, 21, 24, 26, 40, 47, 48, 52, 55, 56, 58
Carsten Bruns: Seite 19

Umschlaggestaltung:
Network!, München

Layout & Satz:
Uwe Stohrer Werbung, Freiburg

Druck: Himmer, Augsburg 2005

Christophorus
Bücher mit Ideen

3-419-**53212**-1

3-419-**53048**-X

3-419-**53041**-2

3-419-**53042**-0

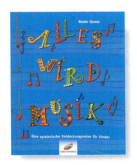

3-419-**53028**-5

3-419-**53032**-3

Bücher für Kindergarten und Familie

Bücher für Kinder

Hobby- und Bastelbücher

Wir sind für Sie da, wenn Sie Fragen haben. Und wir interessieren uns für Ihre eigenen Ideen und Anregungen.

Schreiben Sie uns, wir hören gern von Ihnen!

Ihr Christophorus-Verlag

Verlag Herder GmbH
Christophorus-Verlag
Hermann-Herder-Straße 4
79104 Freiburg
Telefon: 0761 / 2717 - 0
Fax: 0761 / 2717 - 352
E-Mail: info@christophorus-verlag.de

AUSGESCHIEDEN